mokykla - isikole	2
kelionė - ukuhamba	5
transportas - izinto zokuhamba	8
miestas - idolobha	10
kraštovaizdis - ingadi	14
restoranas - isitolo sokudlela	17
prekybos centras - emakethe enkulu	20
gėrimai - iziphuzo	22
maistas - ukudla	23
ūkininko ūkis - ifamu	27
namas - indlu	31
svetainė - igumbi lokuhlala	33
virtuvė - ikhishi	35
vonios kambarys - igumbi lokugeza	38
vaiko kambarys - igumbi lezingane	42
drabužis - izimpahla	44
biuras - i-ofisi	49
ekonomika - umnotho	51
profesijos - imisebenzi	53
įrankiai - amathuluzi	56
muzikos instrumentai - izinsimbi zomculo	57
zoologijos sodas - esiqiwini	59
sportas - imidlalo	62
užsiėmimai - imisebenzi	63
šeima - umndeni	67
kūnas - umzimba	68
ligoninė - isibhedlela	72
nelaimingas atsitikimas - izimo eziphuthumayo	76
Žemė - Umhlaba	77
laikrodis - iwashi	79
savaitė - iviki	80
metai - unyaka	81
formos - amasheyphu	83
spalvos - imibala	84
priešingos reikšmės žodžiai - izinto ezingafani	85
skaičiai - izinombolo	88
kalbos - izilimi	90
kas / ką / kaip - ubani / ini / kanjani	91
kur - kuphi	92

Impressum
Verlag: BABADADA GmbH, Nedderfeld 112 , 22529 Hamburg
Geschäftsführer / Verlagsleitung: Harald Hof
Druck: Books on Demand GmbH, In de Tarpen 42, 22848 Norderstedt

Imprint
Publisher: BABADADA GmbH, Nedderfeld 112 , 22529 Hamburg, Germany
Managing Director / Publishing direction: Harald Hof
Print: Books on Demand GmbH, In de Tarpen 42, 22848 Norderstedt

mokykla
isikole

- dalinti — divayda
- lenta — ibhodi
- klasė — ikilasi
- mokyklos kiemas — igceke lesikole
- mokytojas — uthisha
- popierius — iphepha
- rašyti — bhala
- rašiklis — ipeni
- rašomasis stalas — ideski
- liniuotė — irula
- knyga — incwadi
- mokinys — umuntu

kuprinė
isikhwama

penalas
isikwama sepeni

pieštukas
ipensela

drožtukas
umshini wokulola

trintukas
irabha

piešimo bloknotas
indawo yokudweba

piešinys
ukudweba

teptukas
ibrashi lokupenda

dažų dėžutė
ibhokisi lokupenda

žirklės
isikelo

klijai
inomfi

vadovėlis
incwadi yesikole

namų darbai
umsebenzi wasekhaya

numeris
inamba

pridėti
hlanganisa

atimti
susa

dauginti
phindaphinda

skaičiuoti
bala

raidė
incwadi

abėcėlė
izinhlamvu zamagama

žodis
igama

mokykla - isikole

tekstas
umbhalo

skaityti
funda

kreida
ushoki

pamoka
isifundo

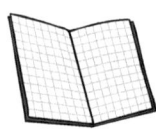
dienynas
bhalisa

egzaminas
isivivinyo

pažymėjimas
isitifiketi

mokyklinė uniforma
iyunifomu yesikole

išsilavinimas
imfundo

enciklopedija
i-encyclopedia

universitetas
inyuvesi

mikroskopas
isibonakhulu

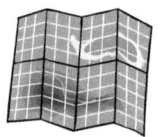
žemėlapis
ibalazwe

šiukšliadėžė
ibhaskidi yokulahla amaphepha

mokykla - isikole

kelionė
ukuhamba

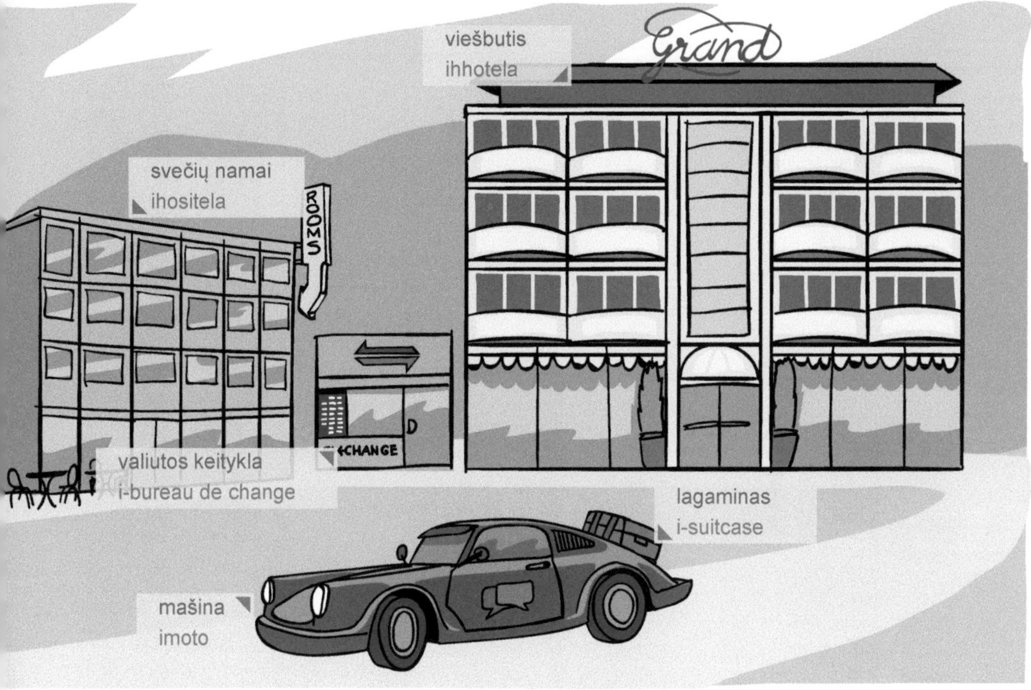

viešbutis
ihhotela

svečių namai
ihositela

valiutos keitykla
i-bureau de change

lagaminas
i-suitcase

mašina
imoto

kalba
ulimi

taip / ne
yebo / cha

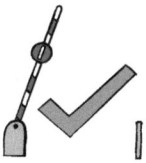

Gerai
kulungile

sveiki
sawubona

vertėjas raštu
umhumushi

Ačiū
Ngiyabonga

kelionė - ukuhamba

kiek kainuoja...?
iyimalini i...?

aš nesuprantu
angiqondi

problema
inkinga

Labas vakaras!
Intambama enhle!

Labas rytas!
Sawubona!

Labos nakties!
Ulale kahle!

viso gero
bye bye

kryptis
isiqondiso

bagažas
izikhwama

krepšys
isikhwama

kuprinė
ubhakha

svečias
isivakashi

kambarys
igumbi

miegmaišis
isikhwama sokulala

palapinė
ithende

kelionė - ukuhamba

turizmo informacija
imininingwane yamathoristi

paplūdimys
ulwandle

kreditinė kortelė
ikhadi lesikweletu

pusryčiai
ukudla kwasekuseni

pietūs
ukudla kwasemini

vakarienė
ukudla kwasebusuku

bilietas
ithikithi

liftas
i-lift

pašto ženklas
isitembu

siena
ibhoda

muitinė
amasiko

ambasada
inxusa

viza
ivisa

pasas
iphasiphothi

kelionė - ukuhamba

transportas
izinto zokuhamba

lėktuvas
indiza

laivas
iskebhe

gaisrinė mašina
injini yomlilo

autobusas
ibhasi

sunkvežimis
iloli

motorinė valtis
isikebhe senjini

motociklas
isithuthuthu

mašina
imoto

keltas
isikebhe

valtis
isikebhe

mopedas
isithuthuthu

policijos automobilis
imoto yamaphoyisa

lenktyninis automobilis
imoto ejahayo

nuomojamas automobilis
imoto eqashiwe

bendras automobilio naudojimas
ukurenta imoto

techninės pagalbos automobilis
iloli eliphukile

šiukšliavežė
ithrakhi

variklis
injini

degalai
amafutha

degalinė
indawo yokuthela uphethiloli

kelio ženklas
uphawu lwethrafikhi

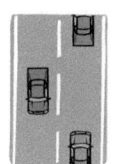

eismas
ithrafikhi

eismo spūstis
ithrafikhi enkulu

mašinų stovėjimo aikštelė
indawo yokupaka izimoto

traukinių stotis
isitashi sesitimela

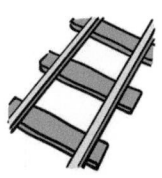

bėgiai
amaloli

traukinys
isitimela

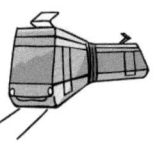

tramvajus
ithilamu

vagonas
inqola

transportas - izinto zokuhamba

sraigtasparnis
ihelikhoptha

oro uostas
isikhungo sezindiza

bokštas
umphongolo

keleivis
iphasenja

konteineris
ikhonteyna

dėžė
ikhathoni

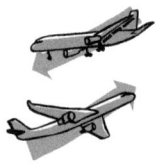

vežimėlis
inqola

krepšys
ubhasikidi

pakilti / nusileisti
ukusuka / ukwehla

miestas
idolobha

kaimas
isigodi

miesto centras
i-city centre

namas
indlu

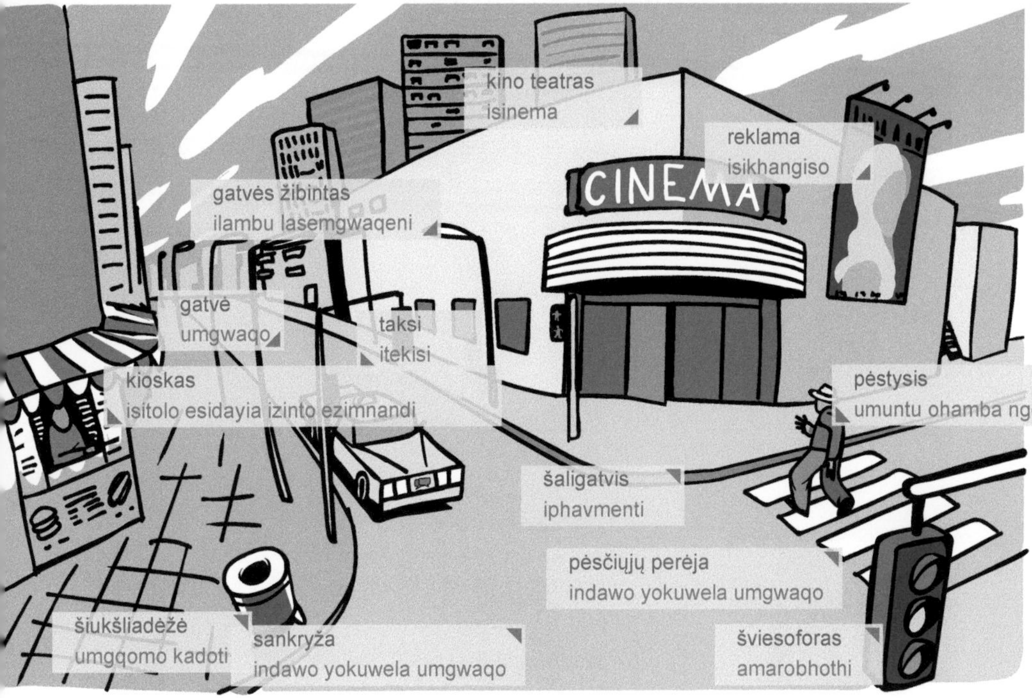

kino teatras
isinema

reklama
isikhangiso

gatvės žibintas
ilambu lasemgwaqeni

gatvė
umgwaqo

taksi
itekisi

kioskas
isitolo esidayia izinto ezimnandi

pėstysis
umuntu ohamba nge

šaligatvis
iphavmenti

pėsčiųjų perėja
indawo yokuwela umgwaqo

šiukšliadėžė
umgqomo kadoti

sankryža
indawo yokuwela umgwaqo

šviesoforas
amarobhothi

trobelė
indlu yodaka

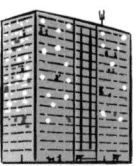

butas
i-flat

traukinių stotis
isitashi sesitimela

rotušė
i-town hall

muziejus
imuzilemu

mokykla
isikole

miestas - idolobha

universitetas

inyuvesi

bankas

ibhange

ligoninė

isibhedlela

viešbutis

ihhotela

vaistinė

ikhemisi

biuras

i-ofisi

knygynas

isitolo sezincwadi

parduotuvė

esitolo

gėlių parduotuvė

istolo sezimbali

prekybos centras

emakethe enkulu

turgus

imakethe

universalinė parduotuvė

isitolo somnyango

žuvies parduotuvė

i-fishmonger's

prekybos centras

isikhungo sezitolo

uostas

isikhungo semikhumbi

 parkas ipaki	 suoliukas ibhentshi	 tiltas ibhuloho
 laiptai izitezi	 metro ngaphansi komhlaba	 tunelis umhubhe
 autobusų stotelė istobhu sebhasi	 baras i-bar	 restoranas isitolo sokudlela
 lauko pašto dėžutė eposini	 kelio ženklas uphawu lwasemgwaqeni	 parkomatas umshini wokukhokhela ukupaka
 zoologijos sodas esiqiwini	 baseinas indawo yokubhukuda	 mečetė i-mosque

miestas – idolobha

ūkininko ūkis   tarša   kapinės
ifamu   ukungcola   amagcwaba

bažnyčia   žaidimų aikštelė   šventykla
isonto   igrawundi lokudlala   ithempeli

kraštovaizdis
ingadi

- lapas — icembe
- kelio rodyklė — mpambano mgwaqo
- kelias — indlela
- pieva — idlelo
- akmuo — itshe
- medis — isihlahla
- ėjikas — umqwali wezintaba
- upė — umfula
- žolė — utshani
- gėlė — imbali

slėnis
isigodi

kalva
intaba

ežeras
ichibi

miškas
ihlathi

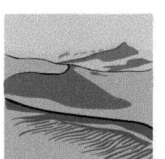

dykuma
ogwadule

ugnikalnis
intaba mlilo

pilis
isigodlo

vaivorykštė
uthingo

grybas
ikhowe

palmė
isihlahla sesundu

uodas
umiyane

musė
ukundiza

skruzdėlė
intuthwane

bitė
inyosi

voras
isicabucabu

kraštovaizdis - ingadi

vabalas
ibhungane

varlė
ixoxo

voverė
i-squirrel

ežys
i-hedgehog

kiškis
unogwaja

pelėda
isikhova

paukštis
izinyoni

gulbė
idada

šernas
intibane

elnias
inyamazane

briedis
i-moose

užtvanka
idamu

vėjo jėgainė
i-wind turbine

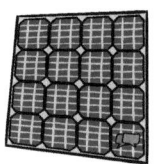

saulės baterija
i-solar panel

klimatas
isimo sezulu

restoranas
isitolo sokudlela

- padavėjas / uweyita
- meniu / imenu
- kėdė / isihlalo
- pica / i-pizza
- sriuba / isobho
- staltiesė / indwangu yasetafuleni
- stalo įrankiai / ikhathilari

užkandis
ukudla okulula

pagrindinis patiekalas
isidlo

desertas
idizethi

gėrimai
iziphuzo

maistas
ukudla

butelis
ibhodlela

greitai pateikiamas maistas

ukudla okulula

gatvės maistas

ukudla okudayiswa emgwaqeni

arbatinukas

ithiphothi

cukrinė

isitsha sikashukela

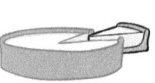

porcija

ingxenye

espreso aparatas

umshini we-ekspreso

aukšta kėdė

isitulo esiphezulu

sąskaita

izindleko

padėklas

ithreyi

peilis

ummese

šakutė

imfologo

šaukštas

ispuni

arbatinis šaukštelis

ithispuni

servetėlė

indawo yokusula umlomo

stiklinė

igilasi

restoranas - isitolo sokudlela

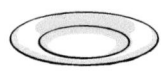
lėkštė
ipuleti

sriubos lėkštė
ipuleti lesobho

padėklas
isoso

padažas
isosi

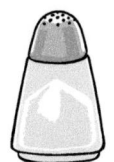
druskinė
isitsha sasawoti

pipirų malūnėlis
isitsha sephepha

actas
uviniga

aliejus
amafutha

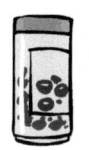 
prieskoniai
izinongo

kečupas
isosi yetamatisi

garstyčios
isosi yesinaphi

majonezas
imayonesi

prekybos centras
emakethe enkulu

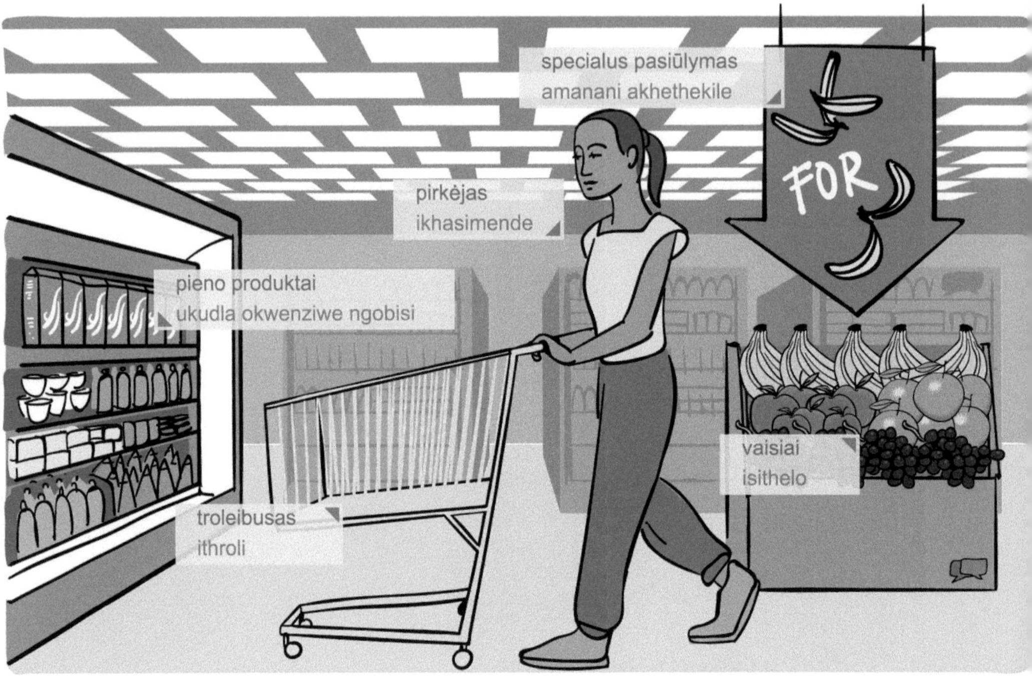

specialus pasiūlymas
amanani akhethekile
FOR
pirkėjas
ikhasimende
pieno produktai
ukudla okwenziwe ngobisi
vaisiai
isithelo
troleibusas
ithroli

BUTCHERS

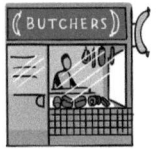

mėsos parduotuvė

ebhusha

BAKERY

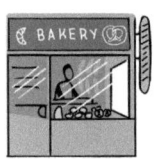

kepykla

isitolo esidayisa isinkwa

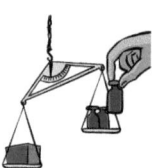

sverti

kala

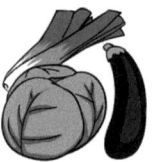

daržovės

amaveji

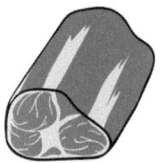

mėsa

inyama

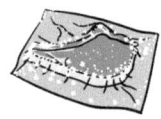

šaldytas maistas

ukudla okubandayo

šalti mėsos užkandžiai
inyama ebandayo

konservai
ukudla okusethinini

skalbimo milteliai
insipho yokuwasha enguphawuda

saldumynai
oswidi

ūkinės prekės
izinto zasendlini

valymo priemonės
izinto zokuhlanza

pardavėja
umuntu odayisayo

kasos aparatas
ithili

kasininkas
umbali wemali

pirkinių sąrašas
izinto okumelwe zithengwe

darbo valandos
amahora okuvula

piniginė
uwolethi

kreditinė kortelė
ikhadi lesikweletu

maišelis
isikhwama

plastikinis maišelis
isikwama sepulastiki

prekybos centras - emakethe enkulu

gėrimai
iziphuzo

vanduo
amanzi

sultys
ijusi

pienas
ubisi

kola
i-coke

vynas
iwayini

alus
ubhiya

alkoholis
utshwala

kakava
i-cocoa

arbata
itiye

kava
ikhofi

espresas
i-ekspreso

kapučinas
ikhaphachino

maistas
ukudla

bananas
ubhanana

obuolys
i-apula

apelsinas
i-olintshi

arbūzas
ikhabe

citrina
ulamula

morka
ukherothi

česnakas
ugaligi

bambukas
umhlanga

svogūnas
u-anyanisi

grybas
ikhowe

riešutai
amakinati

makaronai
ama-noodle

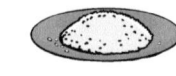

spagečiai — isipagethi
ryžiai — iraysi
salotos — isaladi

traškučiai — ama-chips
keptos bulvės — amazambane athosiwe
pica — i-pizza

mėsainis — ibhega
sumuštinis — isendiwichi
pjausnys — inyama engenathambo

kumpis — ham
saliamis — salami
dešrelė — isoseji

vištiena — inkukhu
kepsnys — yosiwe
žuvis — inhlanzi

avižų dribsniai	dribsniai su priedais	kukurūzų dribsniai
iphalishi le-oats	i-muesli	ama-cornflakes

miltai	prancūziškasis ragelis	bandelė
uflulawa	i-croissant	isinkwa esiyiroli

duona	skrebutis	sausainiai
isinkwa	i-toast	amabhiskidi

sviestas	varškė	tortas
ibhotela	i-curd	ikhekhe
		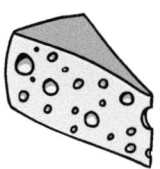
kiaušinis	kiaušinienė	sūris
iqanda	iqanda elithosiwe	ushizi

ledai
i-ice cream

cukrus
ushukela

medus
uju

uogienė
ujamu

tepamas šokoladas
ispredi sikashokholedi

karis
isitshulu

ūkininko ūkis
ifamu

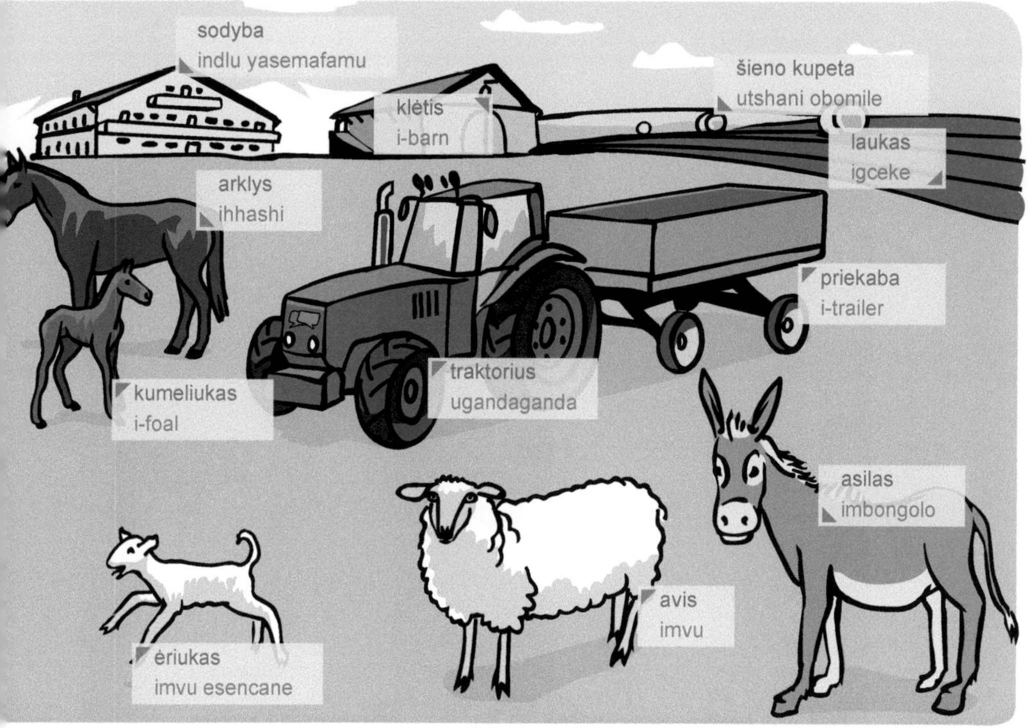

sodyba
indlu yasemafamu

klėtis
i-barn

šieno kupeta
utshani obomile

laukas
igceke

arklys
ihhashi

priekaba
i-trailer

kumeliukas
i-foal

traktorius
ugandaganda

asilas
imbongolo

avis
imvu

ėriukas
imvu esencane

ožys
imbuzi

karvė
inkomo

veršis
ithole

kiaulė
ingulube

paršelis
ingulube esencane

bulius
inkunzi

ūkininko ūkis - ifamu

žąsis
ihansi

antis
idada

viščiukas
ichwane

višta
isikhukhukazi

gaidys
iqhude

žiurkė
igundwane

katė
ikati

pelė
igundwane

jautis
inkabi

šuo
inja

šuns būda
indlu yenja

sodo namas
ipayipi lokunisela

laistytuvas
ikani lokunisela

dalgis
ucelemba

plūgas
igeja

ūkininko ūkis - ifamu

pjautuvas
isikela

kauptukas
ukhuba

šakės
imfoloko

kirvis
imbazo

statinė
ibhala

lovys
umkhombe

bidonas
ubusi olusekanini

maišas
isaka

tvora
ifensi

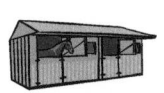
arklidė
esitebhilini

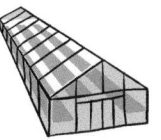
šiltnamis
i-greenhouse

dirva
inhlabathi

sėkla
imbewu

trąšos
umanyolo

kombainas
ukuvuna okuhlanganisiwe

ūkininko ūkis - ifamu

rinkti
vuna

derlius
isivuno

saldžiosios bulvės
ama-yam

kviečiai
ukolweni

soja
umbhontshisi

bulvė
amazambane

kukurūzai
ummbila

rapsai
i-rapeseed

vaismedis
isihlahla sezithelo

manijokas
umdumbula

grūdai
amasiriyeli

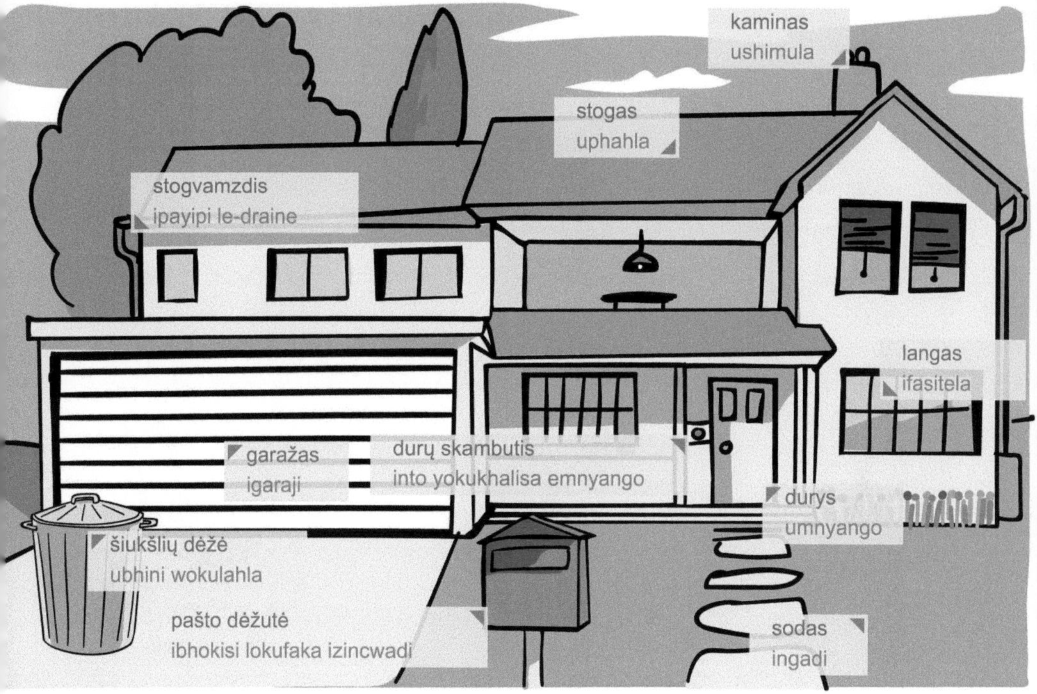

namas
indlu

kaminas
ushimula

stogas
uphahla

stogvamzdis
ipayipi le-draine

langas
ifasitela

garažas
igaraji

durų skambutis
into yokukhalisa emnyango

durys
umnyango

šiukšlių dėžė
ubhini wokulahla

pašto dėžutė
ibhokisi lokufaka izincwadi

sodas
ingadi

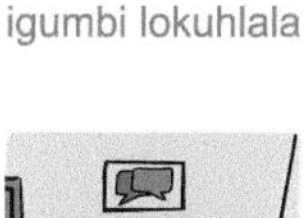

svetainė
igumbi lokuhlala

vonios kambarys
igumbi lokugeza

virtuvė
ikhishi

miegamasis
igumbi lokulala

vaiko kambarys
igumbi lezingane

valgomasis
igumbi lokudlela

namas - indlu

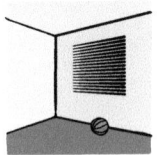

grindys
phansi

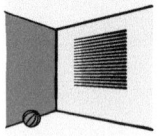

siena
udonga

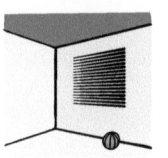

lubos
usilingi

rūsys
i-cella

sauna
i-sauna

balkonas
ibhalconi

terasa
i-terrace

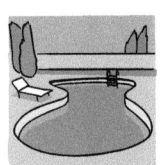

baseinas
iphuli

žoliapjovė
umshin wokugunda utshani

paklodė
ishidi

lovatiesė
ingubo yokulala

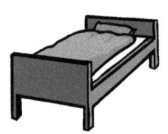

lova
umbhede

šluota
umshanelo

kibiras
ibhakede

jungiklis
i-switch

svetainė
igumbi lokuhlala

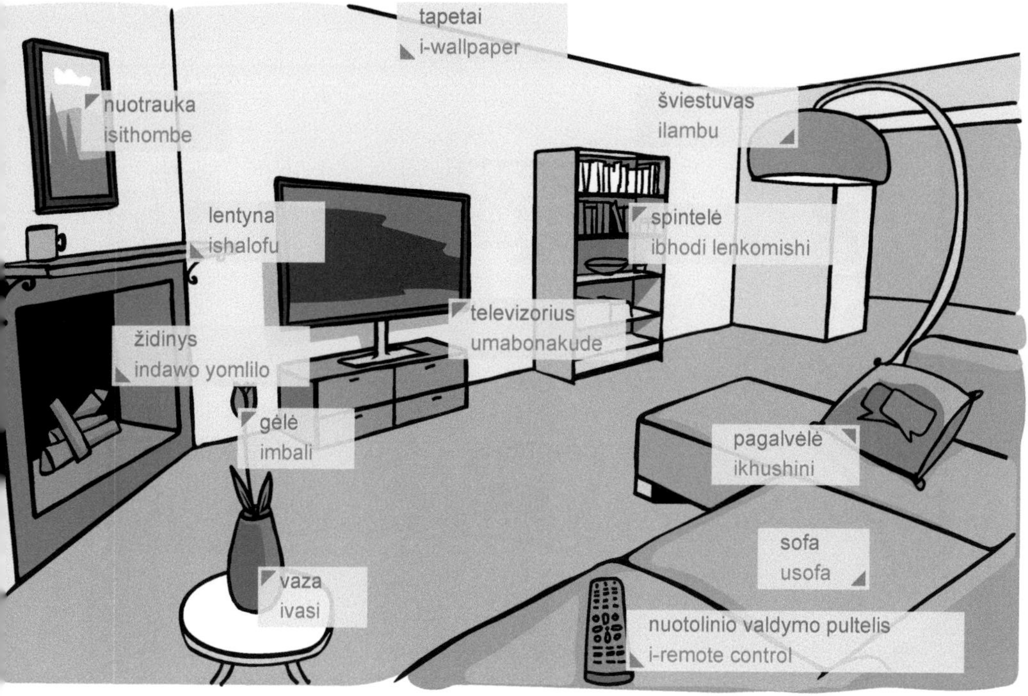

- tapetai / i-wallpaper
- nuotrauka / isithombe
- šviestuvas / ilambu
- lentyna / ishalofu
- spintelė / ibhodi lenkomishi
- židinys / indawo yomlilo
- televizorius / umabonakude
- gėlė / imbali
- pagalvėlė / ikhushini
- vaza / ivasi
- sofa / usofa
- nuotolinio valdymo pultelis / i-remote control

kilimas
ukhaphethe

užuolaida
ikhethini

stalas
itafula

kėdė
isihlalo

supamasis krėslas
isihlalo esinyakazayo

fotelis
isihlalo esingangengalo

knyga incwadi	antklodė ingubo	papuošimai ukuhlobisa

malkos izinkuni zokubasa	filmas ifilimu	stereo aparatūra izinto ze-hi-fi

raktas ukhiye	laikraštis iphephandaba	paveikslas ukupenda

plakatas iphosta	radijas umsakazo	užrašų knygelė i-notepad

dulkių siurblys ihuva	kaktusas i-cactus	žvakė ikhandlela

virtuvė
ikhishi

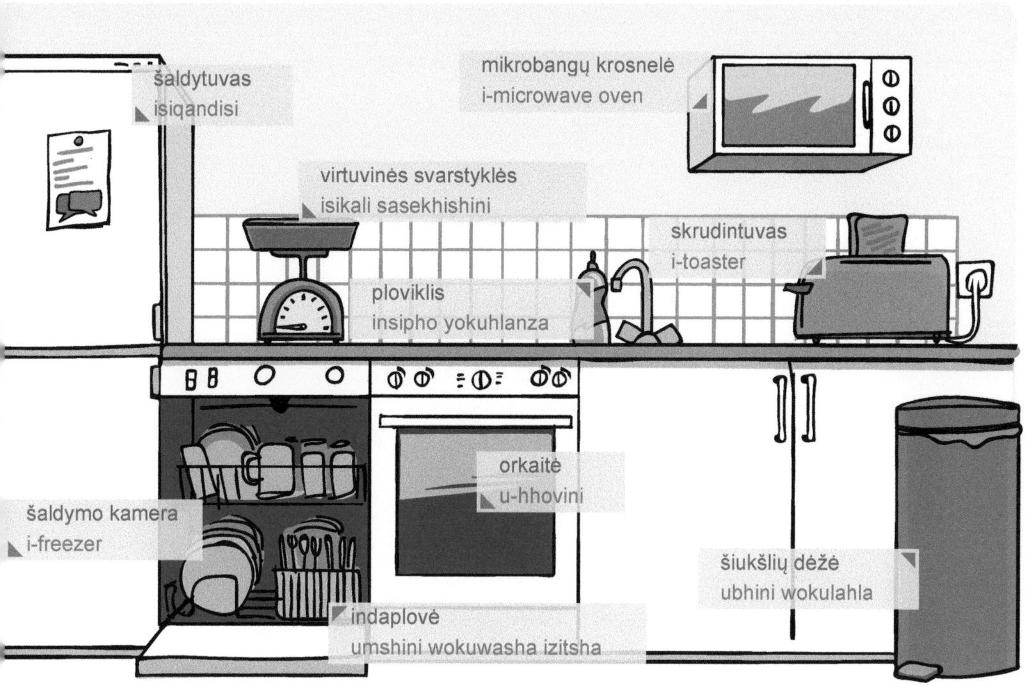

šaldytuvas
i-siqandisi

mikrobangų krosnelė
i-microwave oven

virtuvinės svarstyklės
isikali sasekhishini

skrudintuvas
i-toaster

ploviklis
insipho yokuhlanza

šaldymo kamera
i-freezer

orkaitė
u-hhovini

šiukšlių dėžė
ubhini wokulahla

indaplovė
umshini wokuwasha izitsha

viryklė
umshini wokupheka

puodas
ibhodwe

ketaus puodas
ibhodwe le-cast iron

"wok" keptuvė
i-wok / kadai

keptuvė
ipani

virdulys
iketela

virtuvė - ikhishi

garų puodas
i-steamer

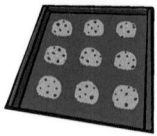
kepimo skarda
ithreyi lokubhaka

porceliano indai
izitsha zokudla

puodelis
imaki

dubuo
isitsha

valgomosios lazdelės
izinti zendwangu

samtis
isixembe sokuphaka

mentelė
ispathula

plaktuvas
i-whisk

koštuvas
i-strainer

sietas
isisefo

trintuvė
igretha

grūstuvė
isitsha sodaka

kepsninė
i-barbecue

atvira liepsna
umlilo

virtuvė - ikhishi

pjaustymo lentelė
ibhodi lokuqoba

kočėlas
ipini lokurola

kamščiatraukis
iskrew

skardinė
ikani

skardinių atidarytuvas
into yokuvula ikani

puodkėlė
indwangu yokubamba ibhodwe

kriauklė
usinki

šepetys
i-brush

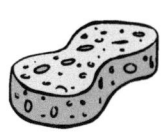

kempinė
isiponji

trintuvas
ibhlenda

šaldiklis
i-deep freezer

kūdikių buteliukas
ibhodlela lengane

čiaupas
umpompi

virtuvė - ikhishi

vonios kambarys
igumbi lokugeza

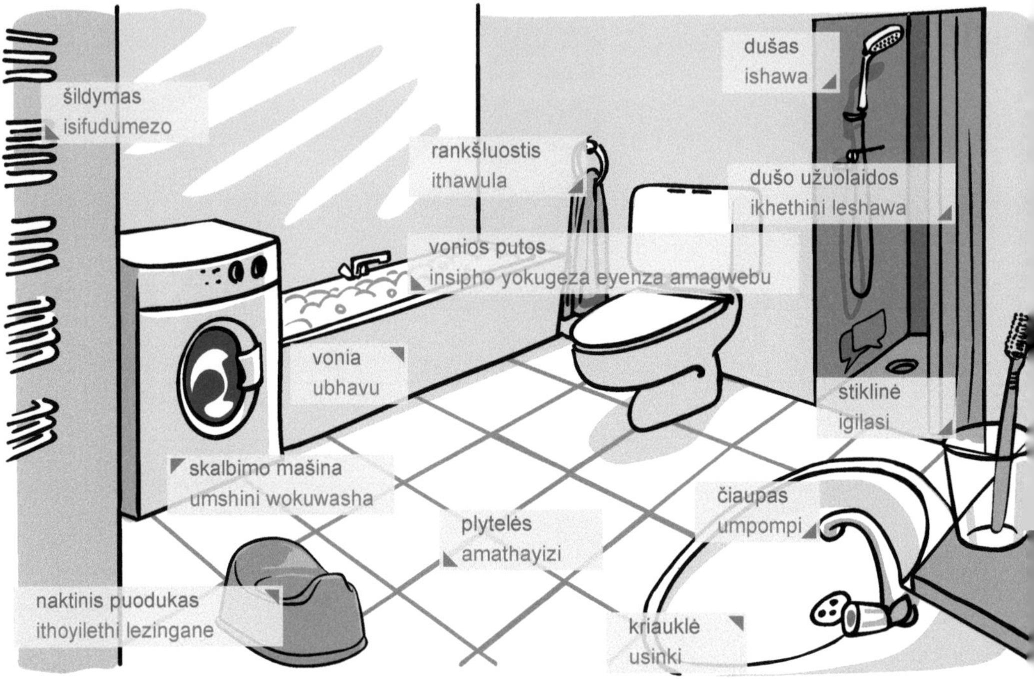

šildymas
isifudumezo

dušas
ishawa

rankšluostis
ithawula

dušo užuolaidos
ikhethini leshawa

vonios putos
insipho yokugeza eyenza amagwebu

vonia
ubhavu

stiklinė
igilasi

skalbimo mašina
umshini wokuwasha

čiaupas
umpompi

plytelės
amathayizi

naktinis puodukas
ithoyilethi lezingane

kriauklė
usinki

unitazas
ithoyilethi

tupimasis unitazas
ithoyilethi oqoshama kuyo

bidė
ithoyilethi le-bidet

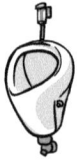

pisuaras
ithoyilethi lokuchama
labesilisa

tualetinis popierius
iphepha lasethoyilethi

unitazo šepetys
ibhrashi lasethoyilethi

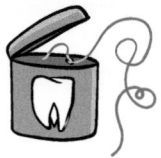

dantų šepetėlis
ibhrashi lamazinyo

dantų pasta
insipho yamazinyo

dantų siūlas
into yokuvungula

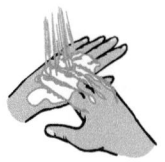

plauti
washa

dušo galvutė
ishawa ebanjwa ngesandla

higieninis dušas
uchatho

praustuvas
u-basini

nugaros plaušinė
ibrashi lomhlane

muilas
insipho

dušo želė
ijeli yeshawa

šampūnas
ishampu

plaušinė
ishethi lesikoshi

kanalizacija
i-drain

kremas
ukhilimu

dezodorantas
into yokugcoba amakhwapha

vonios kambarys - igumbi lokugeza

veidrodis

isibuko

veidrodėlis

isibuko esiphathwa ngesandla

skustuvas

ireyza

skutimosi putos

igwebu lokushefa

losjonas po skutimosi

umuthi ogcotshwa ngemva kokushefa

šukos

ikama

šepetys

ibhrashi

plaukų džiovintuvas

into yokomisa izinwele

plaukų lakas

ispreyi sezinwele

makiažas

i-makeup

lūpdažis

into yokugcoba umlomo

nagų lakas

into yokususa upende wezinzipho

vata

uwuli kakotini

žirklutės nagams

isikelo sezinzipho

kvepalai

isigqolo

maišelis skalbiniams

isikhwama sezinto zokugeza

taburetė

isitulo

svarstyklės

isikali

chalatas

ingubo yokugeza

guminės pirštinės

amagilavu erabha

tamponas

ithemponi

higieninis įklotas

iphedi yasesikhathini

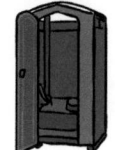

biotualetas

ithoyilethi lekhemikhali

vaiko kambarys
igumbi lezingane

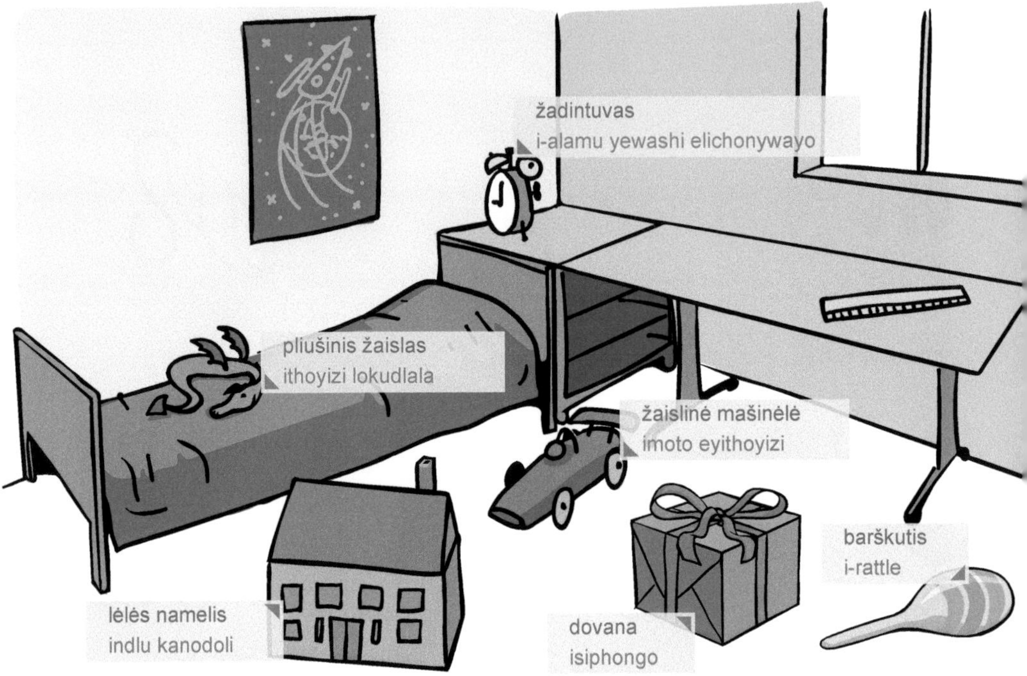

žadintuvas
i-alamu yewashi elichonywayo

pliušinis žaislas
ithoyizi lokudlala

žaislinė mašinėlė
imoto eyithoyizi

barškutis
i-rattle

lėlės namelis
indlu kanodoli

dovana
isiphongo

balionas
ibhaluni

lova
umbhede

vaikiškas vežimėlis
iphremu

kortų malka
amakhadi

delionė
i-jigsaw

komiksai
indaba edwetshiwe

lego kaladėlės
amabrick elego

žaislinės kaladėlės
amabhuloksi okwakha

figūrėlė
unodoli weqhawe

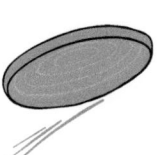
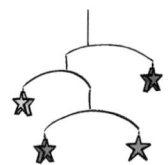

šliaužtinukai
izimpahla zezingane

mėtymo lėkštė
i-frisbee

karuselė
amathoyizi ezingane alengayo

stalo žaidimas
ibhodi lokudlala igemu

kauliukai
idayisi

žaislinis traukinys
isethi yesitimela

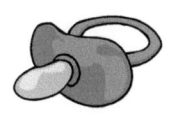

žindukas
idemu

vakarėlis
iphathi

paveiksliukų knygelė
incwadi yezithombe

kamuolys
ibhola

lėlė
unodoli

žaisti
dlala

smėlio dėžė	sūpynės	žaislai
umgodi wenhlabathi	uzwinki	amathoyizi

žaidimų konsolė	triratukas	meškiukas
umshini wamavidiyo geymu	ibhayisikili elinemasondo amathathu	uthedibhe

drabužių spinta
u-wardrobe

drabužis
izimpahla

kojinės	kojinės virš kelių	pėdkelnės
amasokisi	amastokhingi	amathayithi

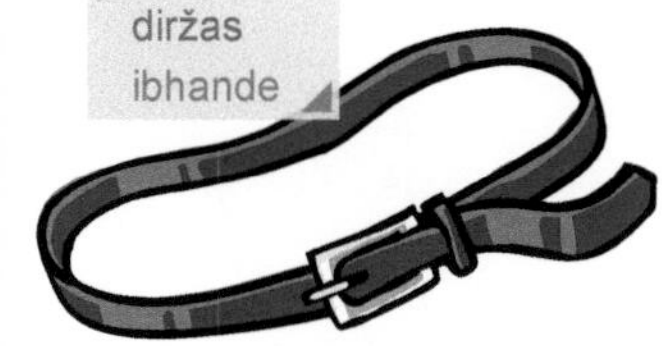

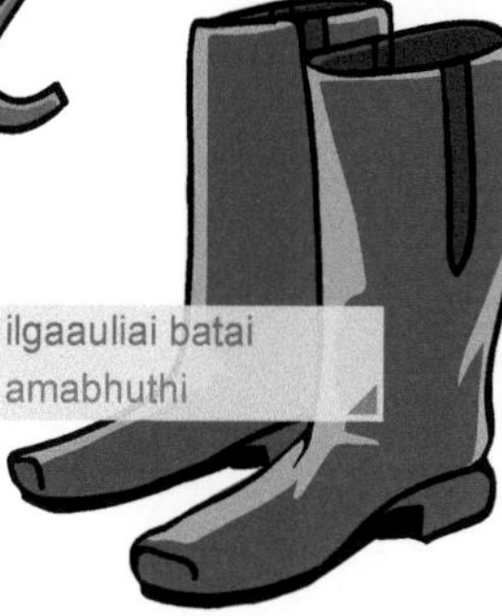

šalikas
isikhafu

skėtis
i-amburela

diržas
ibhande

marškinėliai
ishethi

ilgaauliai batai
amabhuthi

šlepetės
izicathulo zokulala

sportbačiai
abaqeqeshi

sandalai
amasandali

batai
izicathulo

guminiai batai
amabhuthi erabha

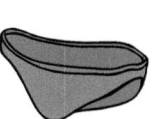

trumpikės
iphenti

liemenėlė
u-bra

liemenė
ivesti

drabužis - izimpahla

glaustinukė — umzimba

kelnės — amabhulukwe

džinsai — amajini

sijonas — isiketi

palaidinė — isikibha

marškiniai — ishethi

megztinis — ijezi elinezigqoko

megztinis su gobtuvu — i-hoodie

švarkelis — ibhuleyiza

švarkas — ijakhethi

paltas — ijazi

lietpaltis — i-raincoat

kostiumas — ikhosyumu

suknelė — ingubo

vestuvinė suknelė — ingubo yomshado

drabužis - izimpahla

kostiumas
isudu

naktiniai marškiniai
ingubo yokulala

pižama
amaphijama

saris
ingubo yesari

skarelė
isikhafu

tiurbanas
isigqoko se-turban

burka
ibhukha

kaftanas
ingubo yekaftani

abaja
abaya

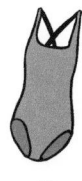

maudymosi kostiumėlis
impahla yokubhukuda

glaudės
amathranki

šortai
isikhindi

sportinis kostiumas
i-tracksuit

prijuostė
ingubo yokupheka

pirštinės
amagilavu

drabužis - izimpahla

saga
ibhathini

akiniai
izibuko

apyrankė
ibhengela

vėrinys
umgexo

žiedas
indandatho

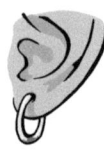

auskaras
amacici

kepurė
ikepisi

pakabas
into yokuhenga ijazi

skrybėlė
isigqoko

kaklaraištis
uthayi

užtrauktukas
uziphu

šalmas
ihelmethi

breketai
ama-braces

mokyklinė uniforma
iyunifomu yesikole

uniforma
iyunifomu

drabužis - izimpahla

seilinukas
ibhayi lengane

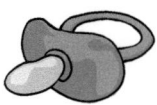
žindukas
idemu

vystyklai
inabukeni

biuras
i-ofisi

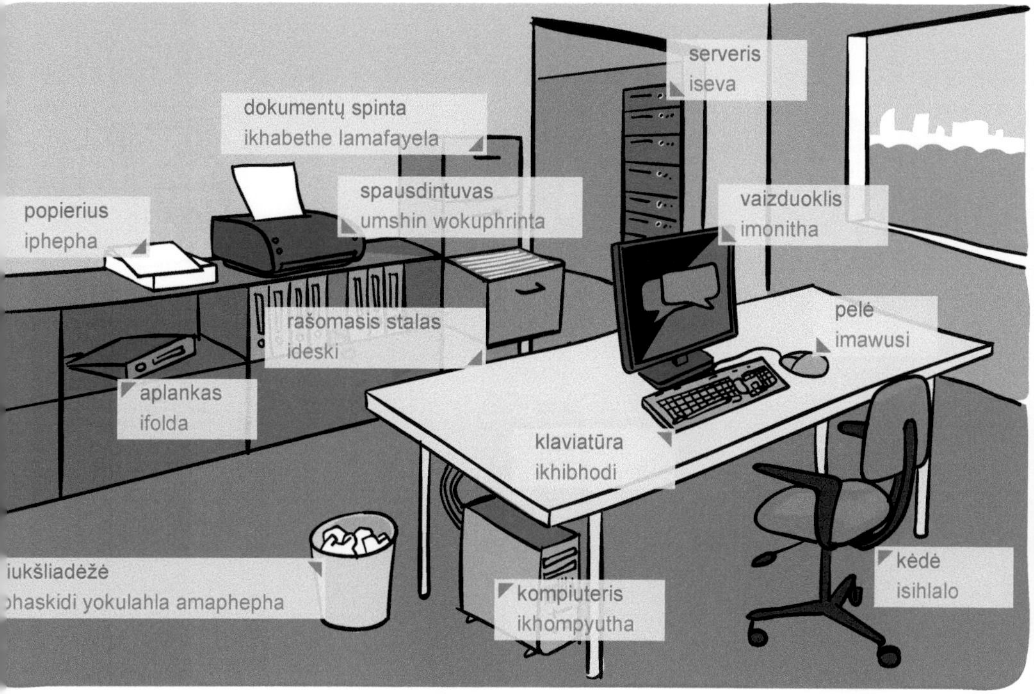

serveris
iseva

dokumentų spinta
ikhabethe lamafayela

spausdintuvas
umshin wokuphrinta

vaizduoklis
imonitha

popierius
iphepha

rašomasis stalas
ideski

pelė
imawusi

aplankas
ifolda

klaviatūra
ikhibhodi

šiukšliadėžė
ophaskidi yokulahla amaphepha

kompiuteris
ikhompyutha

kėdė
isihlalo

kavos puodelis
imagi yekhofi

kalkuliatorius
ikhalkhuletha

internetas
i-inthanethi

nešiojamasis kompiuteris
ilephuthophu

laiškas
incwadi

žinutė
umyalezo

mobilusis telefonas
ifoni

tinklas
inethiwekhi

fotokopijavimo aparatas
ifothokhophi

programinė įranga
i-software

telefonas
ucingo

kištukinis lizdas
indawo yokupulaka

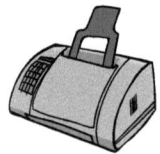
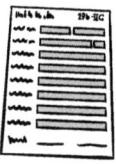

faksas
umshini wokufeksa

forma
ifomu

dokumentas
idokhumenti

biuras - i-ofisi

ekonomika
umnotho

pirkti
thenga

mokėti
khokha

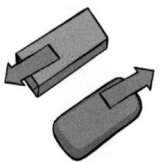
prekiauti
shintshana

pinigai
imali

doleris
idola

euras
i-euro

jena
iyen

rublis
i-rouble

Šveicarijos frankas
iSwiss franc

juanis
i-renminbi yuan

rupija
i-rupee

bankomatas
umshini wokukhipha imali

valiutos keitykla
i-bureau de change

auksas
igolide

sidabras
isiliva

nafta
amafutha

energija
amandla

kaina
inani lemali

sutartis
ukuxhumana

mokestis
intela

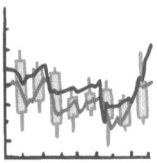

akcijos
isitokwe

dirbti
sebenza

darbuotojas
isisebenzi

darbdavys
umqashi

gamykla
ifekthri

parduotuvė
esitolo

ekonomika - umnotho

profesijos
imisebenzi

policininkas
iphoyisa

ugniagesys
indoda ecisha umlilo

virėjas
pheka

gydytojas
udokotela

lakūnas
umshayeli wezindiza

sodininkas

umuntu onakekela ingadi

stalius

umbazi

siuvėja

umthungi

teisėjas

ijaji

chemikas

umuntu osebenza ekhemisi

aktorius

umlingisi

autobuso vairuotojas
umshayeli webhasi

taksi vairuotojas
umshayeli wetekisi

žvejys
indoda edoba izinhlanzi

valytoja
owesifazane ohlanzayo

stogdengys
umuntu olungisa uphahla

padavėjas
uweyita

medžiotojas
umzingeli

dailininkas
umuntu opendayo

kepėjas
umbhaki

elektrikas
umuntu osebenza ngogesi

statybininkas
umakhi

inžinierius
unjiniyela

mėsininkas
indawo edayisa inyama

santechnikas
umuntu osebenza ngamapayipi

paštininkas
indoda yaseposini

kareivis
isosha

architektas
umdwebi wezakhiwo

kasininkas
umbali wemali

gėlininkas
umuntu otshala izimbali

kirpėjas
umuntu owenza izinwele

konduktorius
umqondisi wasesitimeleni

mechanikas
umakhenikha

kapitonas
ukaputeni

odontologas
udokotela wamazinyo

mokslininkas
usosayensi

rabinas
urabi

imamas
imam

vienuolis
indela

kunigas
umfundisi

profesijos - imisebenzi

įrankiai
amathuluzi

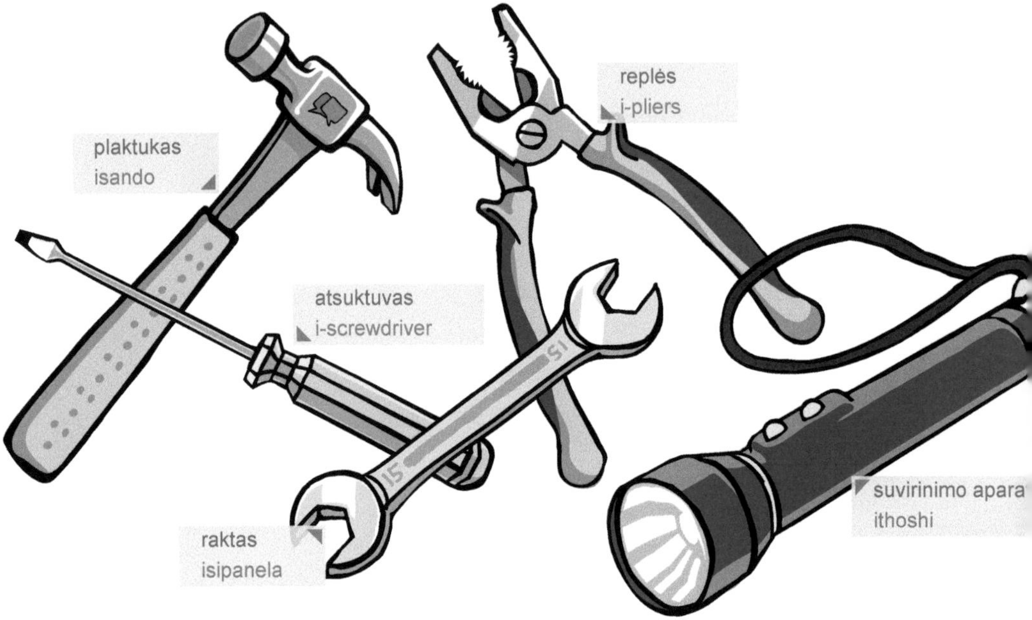

plaktukas
isando

replės
i-pliers

atsuktuvas
i-screwdriver

raktas
isipanela

suvirinimo apara
ithoshi

ekskavatorius
umshini wokumba

įrankių dėžė
ibhokisi lamathuluzi

kopėčios
isitebhisi

pjūklas
isaha

vinys
izinzipho

grąžtas
i-drill

taisyti
lungisa

kastuvas
ifosholo

Velniava!
Damethi!

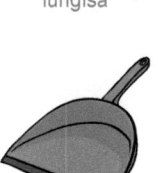
semtuvėlis
idastipheni

dažų skardinė
ithini likapende

varžtai
i-screws

muzikos instrumentai
izinsimbi zomculo

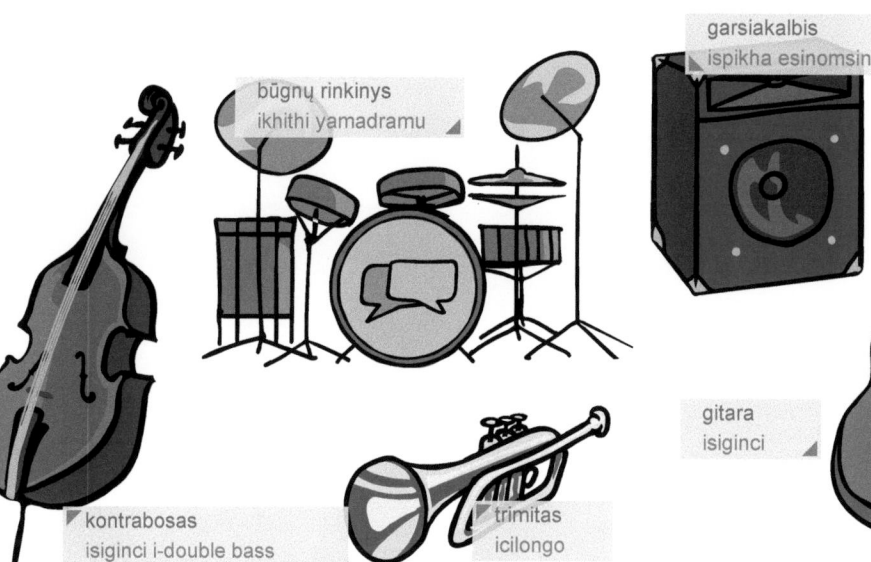

garsiakalbis
ispikha esinomsindo omkhulu

būgnų rinkinys
ikhithi yamadramu

gitara
isiginci

kontrabosas
isiginci i-double bass

trimitas
icilongo

pianinas
ipiyano

smuikas
ivayolini

bosinė gitara
i-bass

timpanas
ithimpani

būgnai
amadramu

sintezatorius
i-keyboard

saksofonas
i-saxophone

fleita
umtshingo

mikrofonas
imakhrofoni

zoologijos sodas
esiqiwini

- tigras / ingwe
- narvas / ikheji
- zebras / idube
- gyvūnų pašaras / ukudla kwezilwane
- įėjimas / indawo yokungena
- panda / iphanda

gyvūnai
izilwane

dramblys
indlovu

kengūra
ikhangaru

raganosis
ubhejane

gorila
igorila

meška
ibhele

kupranugaris
ikamela

strutis
intshe

liūtas
ingonyama

beždžionė
inkawu

flamingas
i-flamingo

papūga
upholi

baltoji meška
ibhele laseqhweni

pingvinas
iphenguwini

ryklys
ushaka

povas
ipigogo

gyvatė
inyoka

krokodilas
ingwenya

zoologijos sodo prižiūrėtojas
umgcini wezilwane

ruonis
isilwane saseqhweni

jaguaras
ijaguwa

zoologijos sodas - esiqiwini

ponis
iponi

leopardas
ingwe

begemotas
imvubu

žirafa
indlulamithi

erelis
ukhozi

šernas
intibane

žuvis
inhlanzi

vėžlys
ufudu

vėplys
i-walrus

lapė
ujakalase

gazelė
inyamazane igazele

sportas
imidlalo

užsiėmimai
imisebenzi

juoktis / hleka

šokinėti / gxuma

apkabinti / haga

vaikščioti / hamba

dainuoti / cula

melstis / thandaza

bučiuoti / cabuza

svajoti / phupha

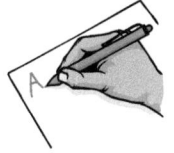

rašyti
bhala

piešti
dweba

rodyti
bonisa

stumti
phusha

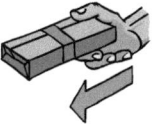

duoti
nikeza

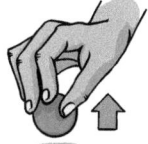

imti
thatha

užsiėmimai - imisebenzi

turėti
yiba

daryti
yenza

būti
yiba

stovėti
sukuma

bėgti
gijima

traukti
donsa

mesti
phonsa

kristi
yiwa

meluoti
amanga

laukti
linda

nešti
thwala

sėdėti
hlala

rengtis
gqoka

miegoti
lala

pabusti
vuka

užsiėmimai - imisebenzi

žiūrėti
bukela

verkti
khala

glostyti
qhweba

šukuoti
kama

kalbėti
khuluma

suprasti
qonda

paklausti
buza

klausytis
lalela

gerti
phuza

valgyti
idla

tvarkytis
coca

mylėti
thanda

gaminti
pheka

vairuoti
shayela

skristi
ndiza

užsiėmimai - imisebenzi

buriuoti
hamba ngomkhumbi

skaičiuoti
bala

skaityti
funda

mokytis
funda

dirbti
sebenza

vesti
shada

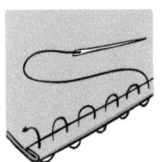
siūti
thunga

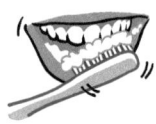
valytis dantis
geza amazinyo

žudyti
bulala

rūkyti
bhema

siųsti
thumela

užsiėmimai - imisebenzi

šeima
umndeni

- senelė / ugogo
- senelis / umkhulu
- tėvas / ubaba
- motina / umama
- kūdikis / ingane
- dukra / indodakazi
- sūnus / indodana

svečias
isivakashi

teta
u-anti

dėdė
umalume

brolis
umfowethu

sesuo
udadewethu

kūnas
umzimba

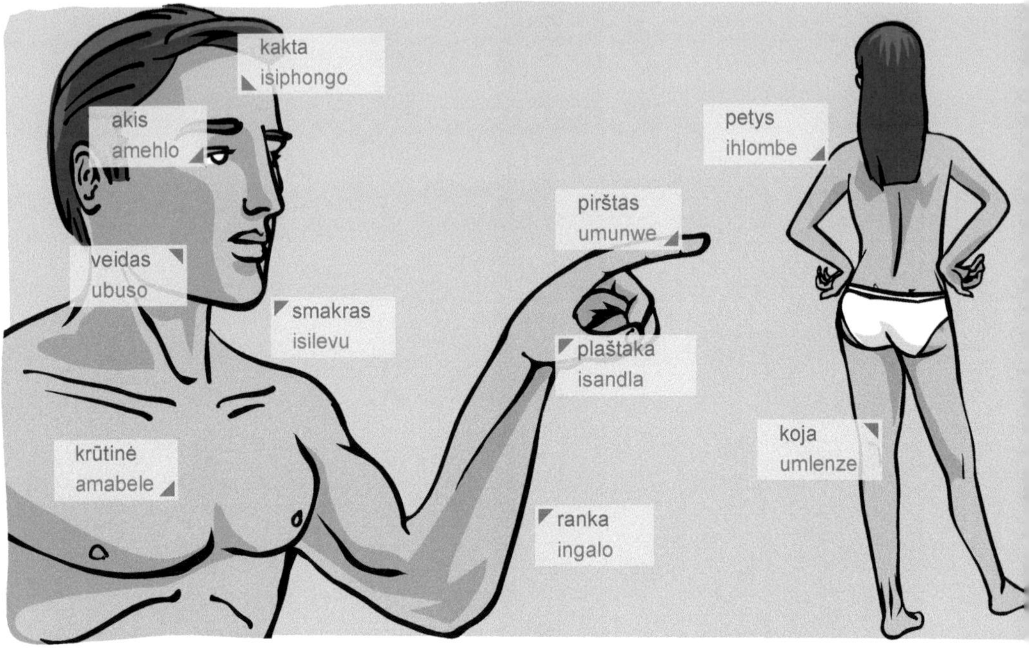

kakta / isiphongo
akis / amehlo
veidas / ubuso
smakras / isilevu
pirštas / umunwe
plaštaka / isandla
petys / ihlombe
koja / umlenze
krūtinė / amabele
ranka / ingalo

kūdikis
ingane

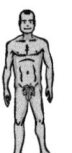
vyras
indoda

moteris
owesifazane

mergaitė
intombazane

berniukas
umfana

galva
ikhanda

nugara
umhlane

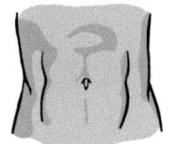

pilvas
isisu

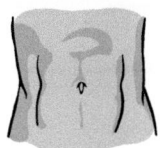

bamba
inkaba

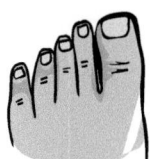

kojos pirštas
izinzwane

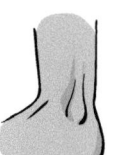

kulnas
isithende

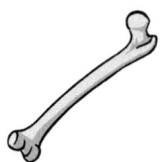

kaulas
ithambo

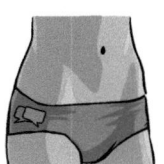

klubas
inqulu

kelis
idolo

alkūnė
indololwane

nosis
ikhala

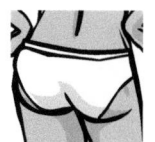

sėdmenys
ingenzansi

oda
isikhumba

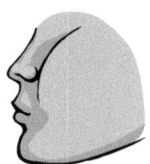

skruostas
iziqhomo

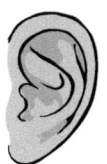

ausis
indlebe

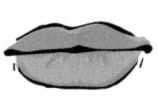

lūpa
udebe

kūnas - umzimba

burna
umlomo

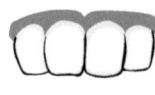
dantis
amazinyo

liežuvis
ulimu

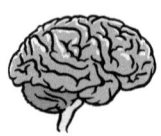
smegenys
ingqondo

širdis
inhliziyo

raumuo
imasela

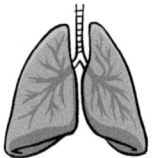
plaučiai
uphaphe

kepenys
isibindi

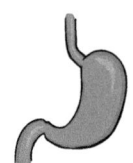
skrandis
isisu

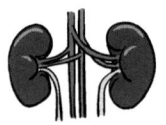
inkstai
izinso

seksas
ucansi

prezervatyvas
ikhondomu

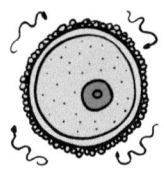
kiaušialąstė
iqanda

sperma
isidoda

nėštumas
ukukhulelwa

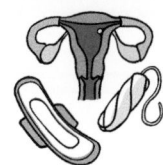
menstruacijos
ukuya esikhathini

makštis
imomozi

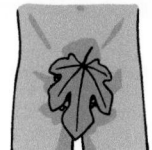
varpa
umthondo

antakis
ishiya

plaukai
izinwele

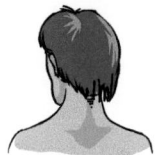
kaklas
intamo

ligoninė
isibhedlela

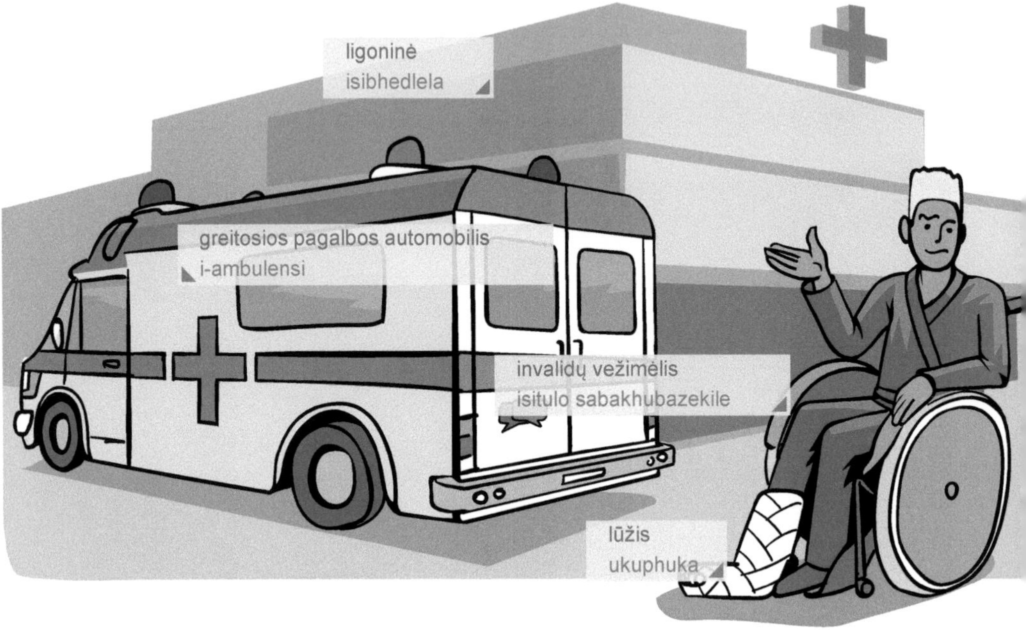

- ligoninė / isibhedlela
- greitosios pagalbos automobilis / i-ambulensi
- invalidų vežimėlis / isitulo sabakhubazekile
- lūžis / ukuphuka

gydytojas
udokotela

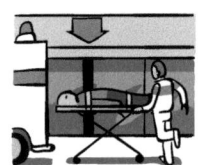

skubios pagalbos skyrius
igumbi leziguli ezidinga ukwelashwa okuphuthumayo

slaugytoja
umhlengikazi

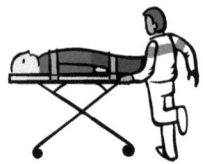

nelaimingas atsitikimas
izimo eziphuthumayo

be sąmonės
ukuquleka

skausmas
ubuhlungu

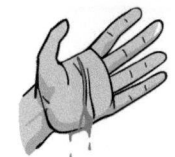
sužalojimas
ukulimala

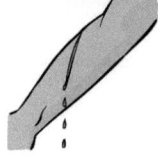
kraujavimas
ukopha

širdies smūgis
isifo senhliziyo

insultas
ukushaywa unhlangothi

alergija
ukungazwani komzimba nezinto ezithile

kosulys
ukukhwehlela

karščiavimas
imfiva

gripas
umkhuhlane

viduriavimas
ukuhuda

galvos skausmas
ukuphathwa ikhanda

vėžys
umdlavuza

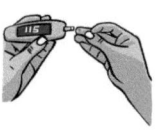
diabetas
isifo sikashukela

chirurgas
udokotela ohlinzayo

skalpelis
isikalpheli

operacija
ukuhlinzwa

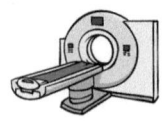

KT
CT

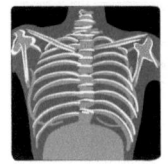

rentgenas
i-x-ray

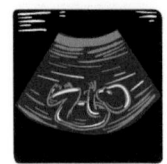

ultragarsas
i-ultrasound

veido kaukė
imaskhi yasebusweni

liga
isifo

laukiamasis
igumbi lokulinda

ramentas
izinduko zokuhamba

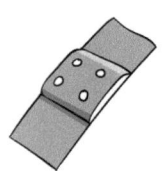

gipsas
iplasta

tvarstis
ibhandishi

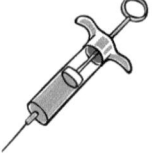

injekcija
umjovo

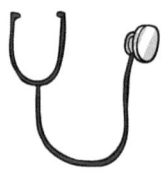

stetoskopas
izipopolo zikadokotela

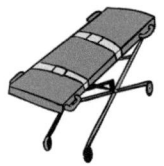

neštuvai
i-stretcher

termometras
umshini okala izinga lokushisa

gimimas
ukubeletha

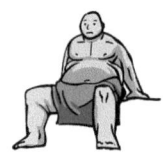

antsvoris
ukukhuluphala ngokweqile

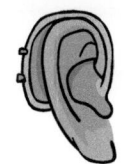
klausos aparatas
insizwa yokuzwa

dezinfekavimo priemonė
ukungatheleleki

infekcija
ukutheleleka

virusas
ivariyasi

ŽIV / AIDS
HIV / AIDS

vaistas
umuthi

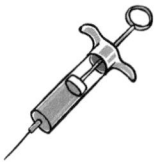
skiepijimas
umgomo

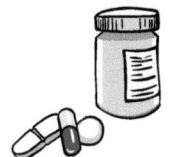
tabletės
amaphilisi

piliulė
amaphilisi

skubios pagalbos numeris
ucingo oluphuthumayo

kraujospūdžio matuoklis
umshini okala umfutho wegazi

ligotas / sveikas
ukugula / ukuba umqemane

ligoninė - isibhedlela

nelaimingas atsitikimas
izimo eziphuthumayo

Padėkite!
Sizani!

pavojaus signalas
i-alamu

užpuolimas
ukuhlasela

ataka
ukuhlasela

pavojus
ingozi

avarinis išėjimas
indawo yokubalekela
ngaphansi kwezimo
eziphuthumayo

Gaisras!
Umlimo!

gesintuvas
isicimamlilo

nelaimingas atsitikimas
ingozi

pirmosios pagalbos rinkinys

ikhithi yosizo lokuqala

SOS
SOS

policija
amaphoyisa

Žemė
Umhlaba

Europa
Europe

Šiaurės Amerika
North America

Pietų Amerika
South America

Afrika
Africa

Azija
Asia

Australija
Australia

Atlanto vandenynas
Atlantic

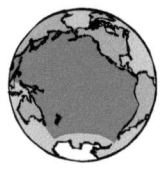
Ramusis vandenynas
Pacific

Indijos vandenynas
Indian Ocean

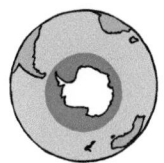
Pietų vandenynas
Antarctic Ocean

Arkties vandenynas
Arctic Ocean

Šiaurės ašigalis
North Pole

Pietų ašigalis	Antarktida	Žemė
South Pole	Antarctica	Umhlaba

sausuma	jūra	sala
umhlaba	izilwandle	isiqhingi

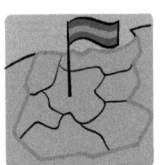 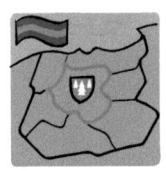

tauta	valstybė
izwe	inhlangano engokomthetho

laikrodis
iwashi

ciferblatas
ubuso bewashi

valandinė rodyklė
isandla sehora

minutinė rodyklė
isandla semizuzu

sekundinė rodyklė
isandla sesibili

Kiek valandų?
Ubani isikhathi?

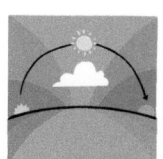

diena
usuku

laikas
isikhathi

dabar
manje

skaitmeninis laikrodis
iwashi lezibalo

minutė
umzuzu

valanda
ihora

savaitė
iviki

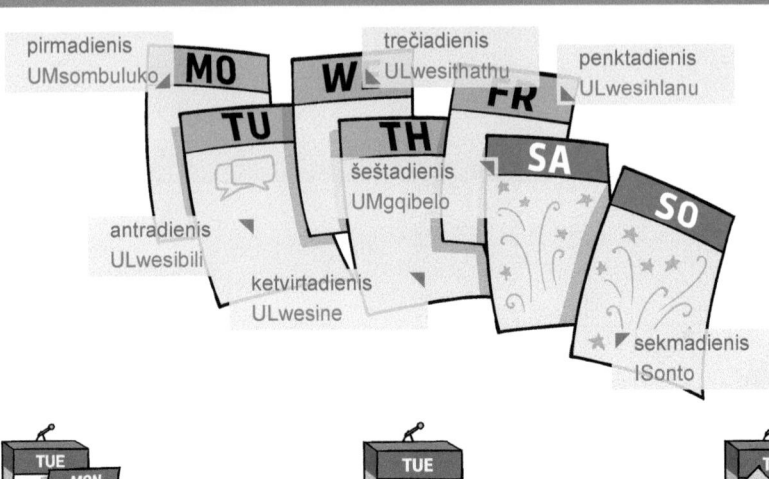

pirmadienis
UMsombuluko

antradienis
ULwesibili

trečiadienis
ULwesithathu

ketvirtadienis
ULwesine

penktadienis
ULwesihlanu

šeštadienis
UMgqibelo

sekmadienis
ISonto

vakar
izolo

šiandien
namhlanje

rytoj
kusasa

rytas
ekuseni

vidurdienis
emini

vakaras
ntambama

darbo dienos
izinsuku zeviki

savaitgalis
impelasonto

metai
unyaka

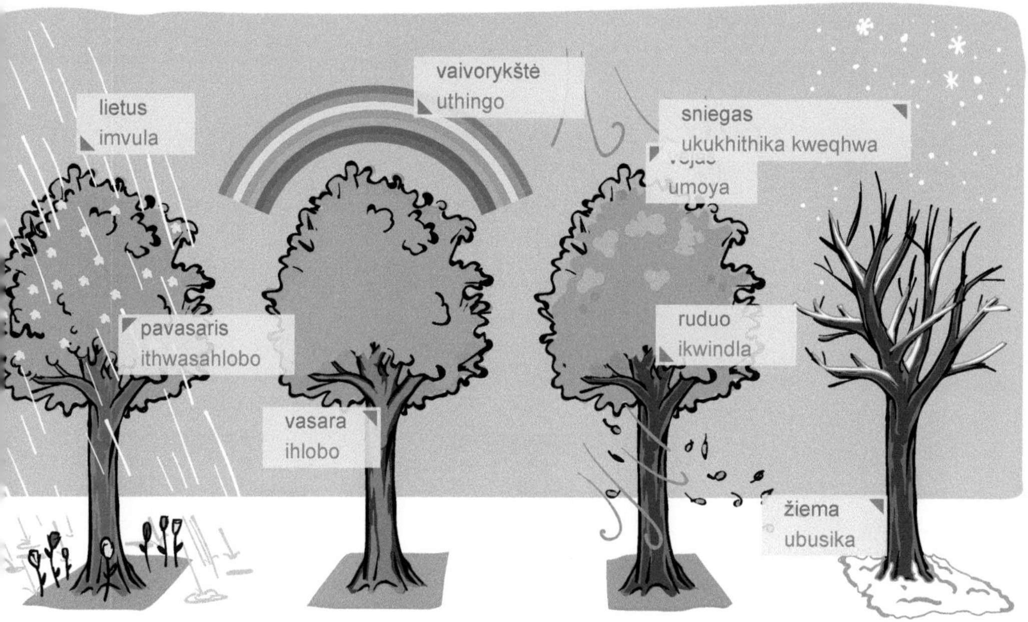

lietus / imvula
vaivorykštė / uthingo
sniegas / ukukhithika kweqhwa
vėjas / umoya
pavasaris / ithwasahlobo
vasara / ihlobo
ruduo / ikwindla
žiema / ubusika

orų prognozė
isimo sezulu

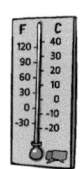

lauko termometras
umshini wezinga lokushisa

saulės šviesa
ukushisa kwelanga

debesis
amafu

rūkas
inkungu

drėgmė
umswakama

žaibas
ummbani

griaustinis
ukuduma kwezulu

audra
isiphepho

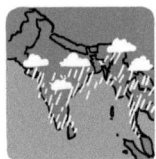

kruša
isichotho

musonas
imvula enkulu

potvynis
izikhukhula

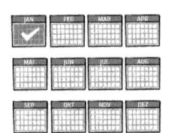

ledas
iqhwa

sausis
UMasingana

vasaris
UNhlolanja

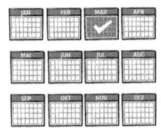

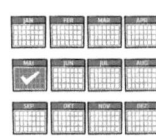

kovas
UNdasa

balandis
UMbasa

gegužė
UNhlaba

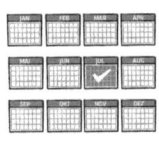
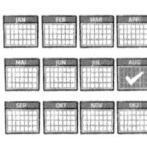

birželis
UNhlangulana

liepa
UNtulikazi

rugpjūtis
UNcwaba

metai - unyaka

rugsėjis
UMandulo

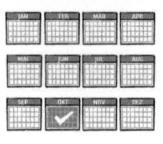
spalis
UMfumfu

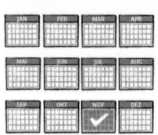
lapkritis
ULwezi

gruodis
UZibandlela

formos
amasheyphu

apskritimas
indilinga

kvadratas
isikwele

stačiakampis
unxande

trikampis
unxantathu

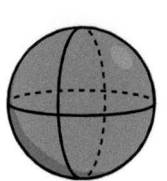
sfera
i-sphere

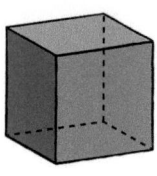
kubas
i-cube

spalvos
imibala

balta
kumhlophe

geltona
kuphuzi

oranžinė
ku-olenji

rožinė
kuphinki

raudona
kumbomvu

violetinė
kuphephuli

mėlyna
kuluhlaza okwesibhakabhaka

žalia
kuluhlaza

ruda
kubhrawuni

pilka
kuphashile

juoda
kumnyama

priešingos reikšmės žodžiai
izinto ezingafani

daug / mažai
kakhulu / kancane

piktas / ramus
ukucasuka / ubumnene

gražus / bjaurus
ubuhle / ububi

pradžia / pabaiga
isiqalo / isiphetho

didelis / mažas
kukhulu / kuncane

šviesus / tamsus
kuyakhanya / kumnyama

brolis / sesuo
umfowethu / udadewethu

švarus / purvinas
ukuhlanzeka / ukungcola

užbaigtas / neužbaigtas
ukuphelela / ukungapheleli

diena / naktis
imini / ubusuku

miręs / gyvas
ukufa / ukuphila

platus / siauras
ukuvuleka / ukunyinyeka

valgomas / nevalgomas

okudliwayo / okungadliwa

piktas / malonus

ukukhohlakala / umusa

linksmas / nuobodus

ukujabula / isithukuthezi

storas / plonas

ukunona / ukuzaca

pirmiausia / paskiausia

ukuqala / ukugcina

draugas / priešas

umngane / isitha

pilnas / tuščias

ukugcwala / ukuphela

kietas / minkštas

ubunzima / ukuthamba

sunkus / lengvas

ukusinda / ukubalula

alkis / troškulys

ukulamba / ukoma

ligotas / sveikas

ukugula / ukuba umqemane

nelegalus / legalus

ngokomthetho / okungekho emthethweni

protingas / kvailas

ukuhlakanipha / isiphukuphuku

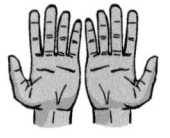

kairė / dešinė

isinxele / esokudla

arti / toli

eduze / kude

priešingos reikšmės žodžiai - izinto ezingafani

naujas / naudotas
kusha / sekusebenzile

niekas / kažkas
utho / okuthile

senas / jaunas
okudala / okusha

įjungta / išjungta
vuliwe / kucishiwe

atidaryta / uždaryta
vula / vala

tylus / garsus
kuthulekile / kunomsindo

turtingas / vargšas
ukuceba / ubumpofu

teisus / neteisus
kulungile / akulungile

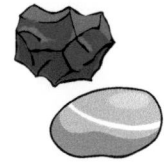
šiurkštus / švelnus
kugadlazekile / kuyashelela

liūdnas / laimingas
dabuka / jabula

trumpas / ilgas
kufishane / kude

lėtas / greitas
kuyanensa / kuyashesha

drėgnas / sausas
ukuba manzi / ukoma

šiltas / šaltas
ukufudumala / ukuphola

karas / taika
ukulwa / ukuthula

priešingos reikšmės žodžiai - izinto ezingafani

skaičiai
izinombolo

0
nulis
uziro

1
vienas
kunye

2
du
kubili

3
trys
kuthathu

4
keturi
kune

5
penki
kuhlanu

6
šeši
isithupha

7
septyni
isikhombisa

8
aštuoni
isishiyagalombili

9
devyni
isishiyagalolunye

10
dešimt
ishumi

11
vienuolika
ishumi nanye

12
dvylika
ishumi nambili

13
trylika
ishumi nantathu

14
keturiolika
ishumi nane

15
penkiolika
ishumi nanhlanu

16
šešiolika
ishumi nesithupha

17
septyniolika
ishumi nesikhombisa

18
aštuoniolika
ishumi nesishiyagalombili

19
devyniolika
ishumi nesishiyagalolunye

20
dvidešimt
amashumi amabili

100
šimtas
ikhulu

1.000
tūkstantis
inkulungwane

1.000.000
milijonas
izigidi

skaičiai - izinombolo

kalbos
izilimi

anglų
isiNgisi

amerikiečių anglų
isiNgisi saseMelika

kinų (mandarinų)
isiMandarin saseShayina

hindi
isiHindi

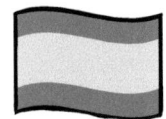

ispanų
iSpanishi

prancūzų
isiFulentshi

arabų
isi-Arabhu

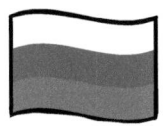

rusų
isiRashiya

portugalų
isiPutukezi

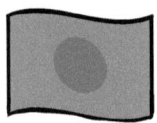

bengalų
isiBengali

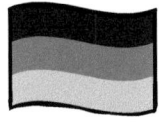

vokiečių
isiJalimane

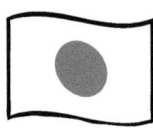

japonų
isiJapane

kas / ką / kaip
ubani / ini / kanjani

aš
Mina

tu
wena

jis / ji
u / u / ku

mes
thina

jūs
nina

jie
bona

kas?
ubani?

ką?
ini?

kaip?
kanjani?

kur?
kuphi?

kada?
nini?

vardas
igama

kur
kuphi

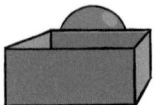

už
ngemuva

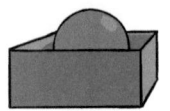

kur (vieta)
ngaphakathi

priešais
phambi kwe

virš
phezulu

ant
ngaphezulu

po
ngaphansi

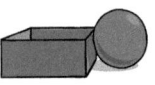

prie
eceleni

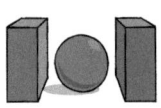

tarp
phakathi

vieta
indawo